SUEÑOS
MARAVILLOSOS

David Daylon Cervera Vilchez

SUEÑOS MARAVILLOSOS

La búsqueda de un mañana mejor.

David Daylon Cervera Vilchez

A mis hijos: María Eloisa, Jhon Patrick y Lilia Stefani, quienes son la razón de mi existencia, Dios los bendiga.

SUEÑOS MARAVILLOSOS

PROLOGO

En estas páginas, donde los cuentos esconden gran sabiduría e innumerables secretos, para ayudar a los hombres y mujeres de todo el mundo, a encontrar la felicidad y la longevidad de nuestra existencia.

Descubrirás senderos y maravillosos saberes, donde mesclados con la fantasía y verdad, lograran que los conceptos de tu vida, mejoren alcanzando lo más anhelado que todo ser inteligente anhela, la unidad familiar.

Es alcanzar un estatus de libre obediencia, de reglas y normas, si queremos vivir en nuestra casa grande, es lograr de que nosotros, podemos cambiar la fantasía en acciones literales, todo depende de nosotros por el bien de nuestra salud.

Encontraras hermosas palabras que reflejara el elixir de un mundo utópico y que se puede convertir en grandes realidades por el bien de la unidad sin distinción alguna, acercando a nuestras vidas, la paz y la unidad.

Lograremos que la familia, sea un círculo de amor, un eje de nuestra sociedad. Son sueños, soñados que en estas palabras escritas son solo cuentos y tú puedes despertarlos y hacerlos reales, practicándolos para que logres la calidad de vida.

ÍNDICE

12. La señal de un príncipe

13. La roca que salvo mi vida

14. Un rey llego a un pueblo perdido

15. El sueño que curo el cáncer.

LA HORMIGA DEL PALO HUECO

Un hombre se sentía muy mal, además, cojeaba porque tenía una herida en su pie derecho que no podía sanar y como no podía trabajar para mantener a su familia, un día decidió viajar en busca de mejoría y para esto tenía que pasar, por una inmensa selva espesa y cuando estaba en medio de la selva, le dio la descompensación y se desmayó, cuando estaba inerte, en su sueño se acercó un varón reluciente y le pregunto, ¿Quieres que tu vida sea prolongada y vivir en unidad de tu familia, como nos propone nuestro creador?, un silencio lleno el espacio por un instante, el ser reluciente le mostro una imagen de una hormiga un poco rojiza, y le dijo; busca la casa de esta hormiga, es un árbol, cuyas hojas al tomarlas en te, te prolongara tu vida, gozaras de alegría y felicidad. Se acercó una mujer y en su mano derecha trayendo un pate de huingo, lleno de te humeante con unas hojas dentro y levantándole con su mano izquierda a su cabeza, le dio de beber él, te y como estaba muy decaído abrió los ojos apenas y bebió la poción, de las manos de la bellísima mujer y después se quedó dormido, donde sueña al mismo ser que le decía; aquí en esta montaña, está el alivio del dolor de los que tienen diabetes, por eso no corten las montañas sin control, sean equitativos. Pero no le dijo de qué árbol le había dado, la mujer, de beber el humeante té y quería saber.

Al despertarse se sintió mejor y muy rápido se puso de pie y cojeando empezó a caminar de regreso a su casa y como pasaban los días la herida que tenia se iba secando, pero él, seguía con la duda, de que, árbol, era el té que le había dado la misteriosa mujer, para que seque su herida y se sienta mejor para poder trabajar.

Todos los días, se acostaba pensando en conocer el árbol, que mejoro su salud, que le indico el varón reluciente y la preciosa mujer que le había dado a beber y que algún día lo pueda ver en su sueño, para preguntarle de que árbol le dio él te.

Una noche ya cuando había pasado un largo tiempo y las esperanzas casi habían desaparecido, se presentó la mujer que acompañaba al varón reluciente, en su sueño y le dijo tu paciencia, te es premiada y da gracias a Dios por todo lo que el creo sobre la tierra, hoy responderé tu pregunta y terminaran tus dudas. El hombre se dirigió a ella y le pregunto, ¿De qué planta fue él te, que me distes a beber aquel día en esa montaña?, ella sonriendo le contesto, ese árbol es la casa donde vive la hormiga media rojiza. Tienes que ir a esa montaña y buscar su casa, golpeando con delicadeza a los árboles que encuentres cerca de donde te desmayaste, allí encontraras…, no puedo decirte más porque tienes que trabajar para que encuentres el árbol que te ayuda a prolongar tu vida.

Siguió durmiendo y se presentó el varón reluciente, su rostro no se podía ver y le hizo varias preguntas: ¿quieres la felicidad? ¿Deseas tener alegría? ¿quieres la unidad familiar? ¿quieres prolongar tu vida?, en su sueño el hombre un poco confuso, respondió – sí, y, el ser que le estaba hablando, recalco, si obedeces al libro sagrado, tendrás: felicidad, alegría, a tu familia, tendrás larga vida y salud; camina por la senda del bien y perdona siempre. La vida no es fácil, ni regalada, tienes que ganártelo y asumir algunos sacrificios. Y diciendo esto el varón desapareció en la luz y se tornó

oscuridad.

El hombre, al día siguiente muy temprano se dirigió a la montaña junto al camino donde se desmayó, y comenzó a golpear suavemente en todo árbol que pasaba cerca; de pronto de un árbol de hojas anchas salieron unas hormigas, viéndolos un poco rojizas los comparo, con las hormigas que le había presentado el varón reluciente y vio que se asemejaban, tomo las hojas y se fue a su casa, las cocino por baño maría, espero que enfrié el agua y comenzó a tomar, desde ese día, se alivió de la diabetes, hoy es defensor de las plantas de la tangarana y de los bosques, porque gracias al bosque sigue viviendo.

Si obedeces al libro sagrado, lograras; tener salud, felicidad, alegría, unidad familiar, prolongación de tus días en esta tierra, y tener una vida digna llena de esperanza.

Genesis 1:29, Levíticos 11:1-46, Isaías 66:17, 1 Corintios 3:16-17, 1Corintios 6:19 y Efesios 5:18.

EL CAMPESINO Y EL CANGREJO

Una tarde, un campesino que vivía en una choza cerca de una naciente de una pequeña quebrada, salió con dirección al pueblo cercano para comprar sus víveres, que daría a comer en la peonada del roso y corta de su chacra situada en la naciente ya mencionada líneas arriba, llego al pueblo, compro, sus víveres y cuando estaba de regreso se encontró con sus amigos y se pusieron a charlar, por cierto el campesino se hizo tarde para regresar a su choza que distaba unas dos horas de camino del pueblo al lugar donde vivía, cuando ya estaba regresando al cruzar la quebrada de unas piedras grandes que allí existen escucho un fuerte chillido, se erizo su cuerpo, tembló sus dientes al enfocar con dirección al chillido la luz de la linterna que en la mano llevaba fue grande su sorpresa al ver un enorme cangrejo que le enseñaba sus tenazas amenazándolo, el campesino voto los víveres y despacio retrocedió hasta alejarse del misterioso animal y corriendo asustado como un venado llego al pueblo, toco la puerta de la casa de su amigo y su amigo al salir lo vio muy asustado

– y le pregunto - ¿Qué te pasa amigo? – estas pálido y temblando, pasa y cuéntame que te ha sucedido. El campesino aspiro aire con fuerza y poco tartamudeando comenzó a contar lo que le había sucedido en el camino de regreso a su choza donde vivía. Su amigo recalco la naciente tiene guardián y cualquier rato te puede suceder algo muy feo.

El campesino le pidió un auspicio, para quedarse esa noche y que al siguiente día iba a regresar a su choza; le tendieron su cama y se acostó en ella, cuando estaba quedándose dormido comenzó a soñar un rey reluciente con muchos súbditos a su alrededor, le pidió que no tenga miedo y él se le acercó para escucharla lo que él, le decía, el rey al mirarlo le pregunto - ¿hoy que te ha pasado por el camino a tu choza? – el la miro fijamente - y le contesto – cuando estaba pasando por la mitad del cauce de la quebrada vi que salió del medio de las enormes piedras un gran cangrejo que me quería comer, me retire muy despacio y corrí hasta el pueblo con mucha prisa. El campesino le pregunto ¿Por qué me preguntas eso?; el rey muy serio le respondió y le dijo – ese cangrejo te quiso decir algo de o que pasa hoy y de lo que pasara en el futuro, si acaban con todas

los bosques donde nace el agua, mira: − le dijo − El rey y le señalo con su dedeo al cielo y en el firmamento apareció como una película partida en dos la primera mitad veía gente feliz con bastante agua y bañándose en ella, los bosques y sembríos verdes , este lado es hoy ;mira el otro lado gente llorando buscando agua para beber, muriéndose de calor , los cerros solo tierra no veía ni un solo árbol , el pueblo estaba lleno de enfermedades, este lado es el futuro si ustedes continúan talando los bosques de las nacientes , con el tiempo el dinero no valdrá nada porque no habrá nada que comprar , ya sabe; señor campesino usted tiene la decisión y diciéndole esto empezó a alejarse y de pronto cuando se alejaba desapareció en una especie de niebla .

El campesino se despertó y se puso a pensar lo que el rey le había dicho y de tanto pensar decidió, no, seguir haciendo chacra en esa naciente donde era su parcela, para que en el futuro no se sienta culpable de que el agua se acabe; muy temprano emprendió viaje hacia su choza y cuando estaba pasando por donde le había sucedido sintió una gran paz, como si sus pensamientos los hubieran leídos la criatura de la noche anterior de desistir de no hacer chacra en la naciente y siguió caminando por más de una hora al llegar a su choza ya encontró a algunos de sus peones que le ayudarían a rozar y cortar ese día , saludo y les dijo que esperarían a todos y se puso a hacer el desayuno , mientras estaba lista la comida uno a uno llegaban los demás peones cuando estaba cocinada los alimentos les sirvió a todos que estaban sentados en una rueda y les dijo comamos y mientras lo hacemos les contare , algo y comenzó a contarles lo que le había pasado la noche anterior y todos se admiraron , uno de ellos replico yo creía que todo esto pasaba en los libros de cuentos pero si tú lo dices algo te creo porque cuando tú lo dices algo es verdad . Por eso amigos no hare la chacra lo conservare como esta hasta ahora es, pero no se preocupen por su día perdido les repartiré todo lo que traje para comer hoy y así estarán recompensados, les repartió y todos regresaron contentos con sus víveres para compartir con su familia.

EL SHIRUI Y EL CAZADOR

En la espesura de la selva amazónica, junto a las inmensas cochas, un cazador, que mientras caminaba lleno pesar, se sentó junto a un árbol para llorar por su desgraciada suerte, de ser incomprendido en su hogar, ser pobre, no poder realizar sus sueños y de no encontrar una sólida.

Angustiado se estaba quedando dormido, cuando escucho que algo se movía en la hojarasca, preparo su escopeta, se levantó y camino con mucho cuidado, guiado por el sonido; al llegar encontró en el suelo una línea que se movía, al ver se asustó pensando que era una serpiente, se retiró un poco y volvió a mirar; se da cuenta que no era la que había pensado; eran los sirios que se estaban trasladando de una cocha que se había seco, a otra. se acercó junto a la línea, mirándolos, se quedó admirado por el gran esfuerzo que juntos emprendían buscando un hábitat mejor, a ser de las dificultades, peripecias y están enfrentándose a la muerte, no retrocedían. Medito lo que estaba viendo y se preguntaba, ¿Por qué los seres humanos no podemos emprender juntos hacia el ordenamiento, el cambio y el desarrollo?, mientras pensaba se preguntaba, escucho una pequeña vos que le decía: amigo, humilde hombre, estas triste a pesar de que dios te hizo tan perfecto como él y te dio potestad sobre toda cosa que existe en este mundo para que le conserves, lo aproveches equitativamente y seas feliz. Mientras a nosotros nos creó para adornar el mundo, junto con las demás especies de animales, plantas y minerales. Nos sentimos muy contentos, felices, por tener parte en este mundo y por el don de la unidad que dios nos regaló;

para juntos emprender cualquier dificultad. El cazador al escuchar estas palabras se quedó conmovido y acoto, está bien que todos tengamos, pero no podemos ponerlo en práctica en bien de todos por falta de orientación. Inquieto por querer saber cómo lograr tanta unidad, le pidió que le explicara la forma de vida que llevan. El shirui lo mira y le dice, está bien, si quieres saber nuestra forma de vida síguenos hasta llegar a la cocha. El cazador le siguió sin importarle cazar, porque para él, lo más importante era aprender a cambiar la forma de vida que llevaba; más que un potaje de carne. Así alcanzar el éxito que tanto soñaba. Llegaron al sitio indicado; los shiruis se lanzaron a la cocha muy felices de haber cumplido sus objetivos y alcanzado su meta; mientras el cazador se sentó junto a la cocha debajo de un frondoso árbol, por esperar que su amigo llegue para explicarle…, unos instantes después llego el shirui a la orilla, se acomodó bien y empezó: amigo, el éxito de nuestras vidas depende del amor, el dialogo, la comprensión, el afecto la voluntad y la autoeducación, bases fundamentales para la equidad, el respeto y la unidad que nos lleva a pensar, decidir y actuar;

organizándonos, planificando y actuando, desarrollando nuestras actitudes y capacidad, trabajando como si la vida fuera eterna. Todo esto aprendemos desde pequeños.

El cazador al no saber cómo emprender, pregunta ¿qué puedo hacer para alcanzar que cambie mi vida? El shirui le responde muy seguro, amigo mío para que logres que cambie tu vida, tienes que reflexionar, reconocer tus errores, enmendándolos y empezar de nuevo. El cazador al escuchar estas bellas palabras, reflexione, se dé cuenta que muchas faltas tenía y que debía cambiar totalmente, para que se hagan realidad sus sueños de alcanzar la calidad de vida, aprovechando adecuadamente los recursos que se encuentran su medio ambiente y así vivir cómodamente.

Ambos amigos se despidieron, el shirui se lanzó a la cocha y el cazador se dirigió a su casa muy contento de haber aprendido algo para hacer feliz a su familia y a sus vecinos.

Al llegar a su casa, acaricia a su mujer y a sus hijos, diciendo, hoy empieza para nosotros una nueva vida, llena de amor para ser feliz para siempre. Su mujer se quedó sorprendida por que nunca actuaba de esa forma ni pronunciaba palabras hermosas. -¿Qué te pasa que has cambiado tanto? Le pregunto su mujer. Lo miro, camino a su lado, lo abrazo y le dijo muy suavemente con mucho amor, hay mucho que aprender de los animales, ellos están muy bien organizados.

Les conto detalladamente lo que le había pasado, a su mujer y a sus hijos, -ellos comprendieron y juntos emprendieron el cambio de vida, para hacer realidad los sueños de ser una familia organizada llena de amor para poder enfrentar las dificultades juntos y poder lograr el ordenamiento el cambio y el desarrollo.

Desde ese momento la familia vive muy feliz para siempre porque comprendió que el amor es la clave del éxito.

El libro sagrado nos recalca, si juntos vivimos como hermanos seremos, en unidad, obediencia, como familia, lograremos alegría y felicidad.

2 Tesalonicenses 3: 6-15, Romanos 12: 10 y 11, Proverbios 11: 25, Efesios 4:32 y Gálatas 5: 14.

EL PEZ DE CRISTAL.

Un día soñé que estaba junto a un ser reluciente que estaba creando un mundo distinto, donde la luna alumbraba y todos los seres se veían con dos sombras relucientes en sus costados.

También, vi que este ser, creaba, una quebrada con sus aguan muy limpias, donde al fondo se veían los peses relucientes como diamantes; los intente pescar y cogí a uno, sin más esfuerzo, cuando lo saque del agua se hiso polvo reluciente y fue llevado por el viento, al horizonte, desapareciendo por completo.

De pronto apareció de la nada un ser muy brillante, vestido de rey, _ diciéndome, _ el pez que tuviste en tus manos, se hiso polvo, porque no te esforzaste para atraparlo; si quieres que permanezca un pez en tus manos y tenga el resplandor de siempre, trabaja en hacerlo crecer; te doy este pate y te entrego este libro sagrado lleno de luz, para que cuando lo leas página por página, todas las letras se convertirán en alimento peri tizado, del cual alimentaras con sabiduría los peces de cristal, todos los días, has que crezcan lo suficiente.

El ser muy reluciente, se dio la vuelta y en una especie de nube desapareció sin dejar rastro, lo busqué con mi vista y no lo vi más, me entristecí mucho, pero el único consuelo, que me dejo fue la enseñanza.

Realice al pie de la letra lo que me había dicho, el rey brillante, hoy tengo en lo más profundo de mi cerebro, la sabiduría para solucionar cualquier problema, y por eso estoy feliz.

Leer estas pequeñas partes del libro sagrado, será elixir y

alcanzaras la felicidad y una vida prolongada en esta tierra.

Genesis 3:19, Proverbios 14:23, Proverbios 13:4, Juan 5:17, Efesios 4:28 y Colosenses 3:23 – 24.

David Daylon Cervera Vilchez

EL MISTERIO DE LA HUHIMBA

En algún lugar en el mundo la gente adolecía y moría con la enfermedad conocida rigüe o mal de los huesos, llamada científicamente herpes, sucede que un gran cacique se enfermó muy grave y llamo a toda la gente de su pueblo que busquen en la selva virgen un remedio para que lo sane, en cambio se casaría con una doncella del reino la cual era su hija, María una muchacha muy bonita, muchos jóvenes salieron a buscar en frutos, hojas, flores, raíces que podrían aplacar la enfermedad; un joven de la aldea muy humilde salió también, sin ansias de casarse con la doncella María y recorrió el mar verde todo el día, al caer la tarde se sentó bajo de un árbol, gordo y muy verde con unos frutos que colgaban de él, que al abrirse los frutos volaban algodones por todas partes.

Al cabo de un rato se quedó dormido, en su sueño se le acercó un anciano reluciente de cabellos muy blancos y le pregunto al joven - ¿Qué buscas por aquí? – el joven un poco sorprendido, le respondió temeroso y se puso a contarle que su amo está muy enfermo y él, había salido a buscar un remedio para ese mal, el anciano que lo escuchaba sonrió y se jalo un puñado de sus cabellos que en un instante se convirtió en algodón y mostrándolo le dijo: este algodón lo vas a extender muy fino y le pondrás encima de las llagas y con un fosforo lo encenderás y así de esta forma repetirás por dos o tres veces, tiene una dieta de no bañarse, no ingerir alcohol y no dormir con mujer, hasta que se sane.

Dándole esta receta el anciano reluciente poco a poco iba desapareciendo en el haz de luz.

Cogió el algodón lo guardo en su morral y corrió al palacio donde yacía su amo muy enfermo, desmoto muy fino le puso sobre la dolencia y le prendió fuego.

Poco a poco la enfermedad de su amo desaparecía como la había dicho el asiano, y así, repitió dos veces más, hasta que se sane. Este sultán tenía que cumplir su palabra y mando que se haga una fiesta para cazarla a su hija, María, con el joven que le salvo la vida.

El joven fue nombrado bilonguero de todo el castillo y hasta hoy viven muy feliz junto a su esposa María.

Que maravilloso es el libro sagrado, donde conocemos los

mandatos del anciano de días, que debemos practicar si queremos tener vida eterna, la obediencia prolonga nuestra vida y lo encontramos en estos pasajes: 2 de Reyes 20, 2 de Reyes 5, Marcos 2:1-12, Marcos 1:21-28, Marcos 1:29-31 y Marcos 1:32-34.

LA CUEVA DEL SUEÑO

Hace mucho tiempo un caminante que vivía de un lado para el otro, se enfermó muy grave, en una parte de su cuerpo le salió unas ampollas, tenía fiebre y le dolía mucho, pero tenía que ir a una fiesta al otro pueblo. En horas de la tarde se puso en marcha, pasaba por una montaña con unos cerros muy pronunciados y cuando estaba en la mitad del camino le alcanzo una tormenta con rayos y lluvia muy fuerte, para no mojarse busco donde refugiarse metiéndose en una cueva que parecía una casa, como el dolor y la fiebre no le pasaban, tendió un manto que llevaba y puso su mochila como almohada y se acomodó para descansar, a poco rato se quedó profundamente dormido.

De pronto en su sueño se presentó un anciano con una luz resplandeciente que no podía divisar su rostro y con una voz le decía _ no temas, te daré un secreto como vas a curarte de ese mal.

Señalando con su mano de dijo: - Mira allá, divisas ese árbol, es la Huhimba, vez esos frutos y que de ellos sale como algodón, coge ese algodón y desmótalo muy fino y ponle en la parte donde esta las ampollas y el dolor; y préndele fuego, no tengas miedo, no te quemara, aras esto por tres veces, ha, no te bañes, no tomes alcohol, ponte en cuarentena hasta que sanes, si cumples la receta te sanara.

En la mañana se despertó adolorido y miro por donde el anciano de su sueño le había señalado, vio el árbol de la Huhimba, y sus frutos estaban reventando, fue hasta el árbol cogió, lo desmoto y se puso sobre el mal y le prendió fuego, sin miedo y en un segundo se quemó, no quedo nada. De pronto alivio su dolor y le bajo la fiebre, así lo hizo por tres veces, y se sano.

Hoy, el señor, cura a la gente de su pueblo que tienen esta enfermedad.

SUEÑOS MARAVILLOSOS

EL VELORIO MISTERIOSO

En un lugar de la selva en el Perú, cuando la guerra interna se estaba librando y las elecciones municipales estaban cerca. Unos jóvenes que no simpatizaban con un partido político, se pusieron de acuerdo para hacer un cajón, lo pintaron de negro con el nombre del partido y en medio de la noche, lo colocaron en medio de la plaza del pueblo y le pusieron dos palos que los vistieron con sacos negros para simulas dos dolientes con sus nombres incluidos y también colocaron cuatro mecheros hechos de tarros de atún, los prendieron y se alejaron del lugar.

Como a las tres y media de la mañana pasaba el primer carro, que salía de un valle hacia la ciudad, viendo eso se asustó el chofer y les dijo a sus pasajeros _ los cumpas a quien lo han matado, no puedo seguir es muy peligroso, esperemos que amanezca y se regresó a la entrada del pueblo y cuando vino otro y otro carro le contaba lo que había en medio de la plaza del pueblo.

Como en ese tiempo todos tenían mucho miedo por el

terrorismo nadie se acercó a la plaza, recién habían matado a varias personas, los alzados en armas que su lema era, "El soplón y el chismoso muere".

El solsticio empezó en el horizonte y comenzaron los rayos del sol a brillar, unos pobladores que pasaban por la plaza, se dan cuenta que no era verdad la caja y los dolientes y les pasaron la voz a los choferes de los carros con pasajeros.

Los choferes y los pasajeros unos molestos y otros riéndose, por la broma pesada y por la pérdida del tiempo que estuvieron esperando para saber la verdad.

Todos se echaban la culpa, por no ir a averiguar, una mujer replico "Tan bonita que es la vida, por chismosa no voy a morir"

Después siguieron su viaje a la ciudad.

Nunca sabremos quien hizo esta broma pesada, que dio resultado, porque el partido que fue velado en esa oportunidad no gano por varias elecciones más.

SORPRESA DEL CIELO.

Un caminante en la vida, día a día, avanzaba cuyo objetivo no tenía tiempo, ni espacio donde descansar, de tanto caminar llego a una choza de hambre, cuya morada era de una viuda, con hijos, el hombre le pidió algo que comer; la señora corrió a su dispensa y lo que le quedaba de víveres solo para una comida, quiso regresar hacia el caminante y decirle que no le quedaba más alimentos para prepararle, pero se acordó, que en la biblia encontró un pasaje, si un caminante te pide comida dale de comer, porque puede ser un ángel, no te dice que primero veas cuanto tienes para compartir, el libro sagrado dice, comparte con el que necesite para que las puertas del cielo se abran y nunca te falte.

La mujer prepara la comida con lo último que tenía; le sirvió al caminante y a sus hijos, juntos comieron, el caminante siguió su camino, ya era tarde y no demoro de anochecer; la mujer y sus hijos pequeños, se acostaron para dormir; la mujer no podía conciliar el sueño por la preocupación de no tener nada para darles de comer a sus hijos, al día siguiente; se acordó que había leído en la biblia, en Mateo 6: 26-32, Mirad las aves del cielo, que no siembran, ni siegan, ni almacenan en graneros; y vuestro Padre celestial las alimenta. ¿No sois vosotros mucho mejores que ellas?, mas ¿quién de vosotros podrá, congojándose, añadir a su estatura un codo?, y por el vestido ¿por qué os preocupéis? mirar los lirios del campo, cómo crecen; no trabajan ni hilan; más os digo, que ni aun Salomón con toda su gloria fue vestido, así como uno de ellos y si la hierba del campo que hoy es, y mañana es echada en el horno, Dios la viste así, ¿no hará mucho más a vosotros, hombres de poca fe?, no os preocupéis pues, diciendo: ¿Qué comeremos, o qué beberemos, o con qué nos cubriremos?. Porque los gentiles buscan todas estas cosas: que vuestro Padre celestial sabe que de todas estas cosas habéis menester.

Con esa promesa de Dios la mujer durmió profundamente, a la mañana siguiente, muy temprano, alguien toco la puerta, ella corrió, abrió la puerta y se dio la sorpresa que una señora que era su amiga y que en muchos años no había visto, por que vivía en el extranjero, se abrasaron y de emoción lloraron, eran sus lazos de amistad tan grande que ambas se sentían como hermanas, ella le dijo: te he traído algunas cositas para compartir y una máquina de coser a pedal para que trabajes y saques adelante tu familia, la mujer le dijo a su amiga vamos a orar y se arrodillaron para agradecer a Dios, luego en su conversación se acordaron cuando estaban en el colegio y que muchas veces habían compartido bellos momentos de su juventud, también se contaron como se casaron y que su esposo había muerto en un accidente, su amiga que vivía en el extranjero, le conto que su esposo está en el extranjero y es feliz; la mujer estaba feliz por el regalo de la máquina de coser porque ella podrá trabajar para que nada le falte nada.

David Daylon Cervera Vilchez

UN ÁRBOL COMO NOSOTROS.

Un ingeniero de construcción civil soñó, que estaba camino a una obra de una toma de agua potable, de un pueblo llamado Janaq Pacha, y de la nada escucho una voz que le decía, - vez aquel árbol más grande de todos – y efectivamente alzo los ojos, miro en el horizonte y vio el árbol más grande en medio de la inmensidad de color verde oscuro, se quedó mirando y meditando, ¿Por qué quería que se fijara en ese árbol?, ¿Qué mensaje esconderá?,

¿Qué misterio rebelara?, que yo pueda escribir para el mundo.

Después de un silencio prolongado, escucho de nuevo la voz suave y firme; ¡ese árbol nunca da sus hojas para abonar sus raíces!, ¡nunca comparte!, ¡no le interesa de la tierra en la cual vive!

Con esas interrogantes el ingeniero siguió su camino hacia la obra, vio la construcción, superviso he hizo algunas recomendaciones y regreso por el mismo camino, cuando estaba regresando se acordó del árbol, que la voz suave y firme le había dicho que observe, lo busco con la mirada y lo encontró, pero el árbol estaba allí, pero diferente, sin hojas y queriendo secarse; desesperado grito en medio del mundo, ¿dónde está la voz que me hablo?, quiero preguntarle, ¿Por qué el árbol luce así?

De pronto la voz le dijo – ese árbol eres tú, el ingeniero pregunto ¿Por qué ese árbol soy yo?, ¡si yo no robo!, ¡no mato!, ¡no hago maldad a nadie! ¿porque puedo ser yo?

De nuevo se escuchó la voz y le respondió – te acuerdas que el árbol no compartía sus hojas, ni siquiera para abonar su propia raíz, tu comparte de lo poco que tienes, que pues es una hoja para que abones tus raíces con el deseo de bendiciones, al que das un granito de arena.

Serás de nuevo como un árbol verde lleno de vida si cumples con todos los mandamientos de Dios.

El ingeniero se despertó y se propuso cambiar, para que no parezca como un árbol que la vida se le está disipando.

La obediencia de lo que te insta el libro sagrado; prolongara tu vida, lograras felicidad, alegría, unidad con tus vecinos, enemigos y tu familia: Mateo 5:44, Deuteronomio 28:48, Proverbios

25:21, Lucas 10:33 – 34, Lucas 22:27, Mateo 25:40 y Mateo 27:37 – 39.

NO ESTÁS SOLO.

Un amigo me conto, que murió su madre quien le sustentaba, sus estudios y sus gastos, por eso, su juventud fue muy difícil, pero agradecía a Dios por haberle ayudado en muchas oportunidades a pesar que estaba lejos de su obediencia; sucede que un día tuvo que viajar en forma muy urgente, de la costa a la selva y no tenía pasajes, sin embargo, se embarcó en una camioneta, preocupado por lo que no tenía como pagar, salieron de viaje y por varias horas la camioneta recorría la carretera, pasaron los andes, el inmenso frio, las curvas peligrosas, también un pequeño pueblo donde había un taller donde arreglaban neumáticos, varios kilómetros más adelante el chofer se dio cuenta que un neumático se había desinflado, y acoto ¿Quién me acompaña al taller que pasamos para arreglar esta llanta?, nadie dijo nada, y de pronto me ofrecí - dijo mi amigo - , no era tan fácil, porque era de noche, pero puse en su voluntad del altísimo, esta acción; cogí la llanta y comencé a rodarla corriendo por la carretera cuidando no se meta por los montes, detrás mío corría el chofer muy casado porque tenía unos kilos de más y su edad oscilaba entre cuarenta años, yo tenía unos 14 años - me replico mi amigo, demoramos muchos minutos y llegamos al taller, entregamos la llanta para que le saquen la cámara para que lo pongan los parches suficientes y pueda inflarse sin problemas, lo revisaron también la llanta y de ella saco un clavo que se había introducido en el camino, esperamos varios minutos, lo arreglaron, pago el chofer el trabajo y empezamos a recorrer la carretera de regreso hacia donde estaba la camioneta, cuando estábamos en la mitad del camino, el chofer me dijo, no te cobrare el pasaje, has hecho un buen trabajo, eres un buen niño acomedido, se alegró mi corazón y di gracias a Dios en silencio en oración, me preguntaba ¿Dios había puesto un clavo en la carretera? ¿Dios quería que pague mi pasaje de esa forma? ¿Dios quería que sepa que él nunca me abandono, a pesar que me aleje?, poco a poco nos acercamos al vehículo donde estaban los demás pasajeros. Puso el chofer la llanta en su lugar y emprendimos viaje hacia nuestro destino.

No me explico, todo lo que había pasado, acotaba mi amigo, estoy seguro que Jesús, cumplió su palabra, de enviarnos un ángel consolador para cada uno, confía en él, lee la biblia, ora y canta himnos sagrados para recibir las bendiciones de Dios. Hoy te digo a ti, señalándome; el espíritu santo nos acompaña todos los días, nos cuida, nos da sabiduría y te da discernimiento para hacer las cosas bien, me quede anonadado de la fe que tiene él.

Siempre deseamos tener una vida prolongada para hacer realidad nuestros sueños, contar con felicidad en el corazón y alegría en nuestra alma, Dios te lo ara real si tienes fe y obedeces lo que está escrito en el libro sagrado: Mateo

28:20, Juan 14:15 – 16, 1 Juan 3:24, Salmos 119:5 – 43, Deuteronomio 28:13, Éxodo 20:1 – 17.

REY JUSTO Y CAMINOS LIMPIOS.

Había un pueblo muy bello junto a una serpiente de oro, que viaja hacia el mar atlántico, descubierta el 12 de febrero de 1542, por don Francisco de Orellana; por donde viajo el Bagrecito de Francisco Izquierdo Ríos, donde vivía un rey muy justo, que no tenía; espacio ni tiempo, ni historia, como el rey de Salen, en todos lados construía, hacia refugios, caminos, pozos de agua, lugares especiales para la basura y templos para agradecer a Dios y liberar almas del pecado, era muy justo que sus siervos tenían el libre albedrio para que puedan hacer las cosas con amor, con justicia, para que el pueblo entero le de gloria al reinado, sus siervos cercanos y de confianza desarrollaban los contratos con los terceros que hacían trabajos en limpiar su ciudad y sus caminos lo único que quería el rey, que se agrupen en pequeñas sociedades, porque sabía que trabajando en equipos lo harían mejor, más rápido y que tenía un responsable a quien pedirle cuentas y poderle pagar su salario.

Los caminos eran de piedras de oro, que el monte cuando crecía invadía el camino que no se podía pasar por allí, por eso el rey hacían que contraten sus súbditos a equipos para que se encarguen por un tiempo completo de la limpieza.

Los equipos trabajaban mucho, con mucho amor, porque respetaban a su rey por justo, les decían a sus súbditos que realicen las órdenes de pago y los firmen para que puedan cobrar en la oficina de tesoros del reino.

Los fines del mes, en los días de los pagos, eran tristes para los responsables, no sabían que hacer si dejar a la justicia de Dios o decirle al rey de los que hacían sus súbditos, cuando para firmarles el cheque y puedan cobrar les pedían coimas. Los responsables se preguntaban, ¿Si el rey es justo no creo que esto venga de, el?, el monto de los cheques solo daba justo para pagar a todos los que trabajan en el equipo, ¿de dónde sacaría el responsable para pagar la coima?

Las familias de aquellos trabajadores, esperan el dinero del trabajo de sus padres para poder alimentarse, vestirse, curase, ¿es justo que el responsable les pague faltando? ¿estarías de acuerdo pasar por lo mismo? ¿te gustaría recibir la justicia del cielo o del rey que te da la oportunidad de agrandar su gloria?

Por fin uno de los responsables se presentó ante el rey, y le conto de lo que pasaba cada fin de mes, el rey se enfureció mucho, llamo a sus súbditos, al tesorero y a los responsables de los distintos trabajos y les pregunto uno por uno si era cierto que les pedían sobornos los súbditos y el tesorero para pagarles, los responsables de los trabajadores dijeron que si les pedían sobornados para que firmen los cheques y de parte de los tesoreros también; empezó el juicio y pregunto a los súbditos encargados de los contratos y firmas de los cheques, si era cierto que pedían sobornos para firmar los cheques, y pagar a tiempo el trabajo ya realizado; ellos se arrodillaron y pidieron perdón, por que afirmaron que si pedían sobornos.

El rey se levantó y dijo: les di el encargo de gobernar con justicia para que mi gloria conozca todo el mundo y sea glorificado, me siento traicionado como Jesús fue traicionado por Judas, o Sansón fue traicionado por Dalila, o dos hombres que atestiguaron contra Nabot y aquellos testificaron contra Esteban posiblemente sobornados. Como dicen las escrituras: La ley de Dios

dada a Moisés para el pueblo de Israel, prohibió aceptar un soborno, regalo o presentes; porque el presente ciego a los que ven, y pervierte las palabras de los justos; (Éxodo 23:8). La misma regla se repite en Deuteronomio 16:19; No tuerzas el derecho; no hagas acepción de personas, ni tomes soborno; porque el soborno ciega los ojos de los sabios, y pervierte las palabras de los justos. Los efectos negativos de aceptar un soborno se exponen claramente en estos dos pasajes. El soborno pervierte la justicia. Es una influencia enceguedora sobre la sabiduría y el discernimiento. Nubla la verdad y pervierte o tuerce las palabras de aquellos que pretenden ser justos a los ojos de Dios.

El rey enojado y a la vez triste dio órdenes que los culpables fueron sacados del reino sin ningún derecho ni pago, no los mando matar por que los amaba, ellos después de tener todo hoy viven en la miseria junto con su familia.

Y los trabajadores fue resarcido todo por el rey para

recuperar su gloria, del rey que no tiene, padre ni madre, ni historia.

Te pregunto ¿Por qué te afanas en amasar fortuna si estamos en el fin de los tiempos? Mejor actúa con justicia para recibir las llaves del cielo y ser sellado como hijo de Dios.

Éxodo 23:8, Y no aceptarás soborno, porque el soborno, ciega {aun} al de vista clara y pervierte las palabras del justo. 2 crónicas 19:7, Ahora pues, que el temor del Señor esté sobre vosotros; tened cuidado en lo que hacéis, porque con el Señor nuestro Dios, no hay injusticia ni acepción de personas ni soborno. Deuteronomio 10:17, Porque el Señor vuestro Dios es Dios de dioses y Señor de señores, Dios grande, poderoso y temible que no hace acepción de personas ni acepta soborno. Proverbios 21:14, Una dádiva en secreto aplaca la ira, y el soborno bajo el manto, el furor violento. Job 15:34, Porque estéril es la compañía de los impíos, y el fuego consume las tiendas del corrupto. Deuteronomio 27:25, `Maldito el que acepte soborno para quitar la vida a un inocente.

LA SEÑAL DE UN PRINCIPE

Un príncipe caminaba por un bosque de pinos y de pronto vio una linda muchacha y cuando quiso hablarle, su voz no salía, desesperado quiso correr y una voz le hablo a la conciencia, no te vallas, mira a tu alrededor y veras una hermosa flor, roja con amarillo al fondo; cógela y regálale.

El príncipe le pidió con señas que se acerque, ella se acercó, sonriendo, con gesto, el, le dio la flor y ella lo abrazo entre su corazón, muy contenta porque nunca tenía muy cerca un príncipe; como ella siempre soñaba. Ella se apeno mucho porque no le dirigió ninguna palabra.

Ella entre sí, se preguntaba, ¿Qué significa este regalo? ¿Quisa quiera que sea su amiga? o ¿Quisa quiere que sea su esposa para su reino?

Todas esas preguntas lo sabre, cuando algún día lo encuentre y le pregunte ¿porque me regalo esa flor?

Dia tras día, salía por el bosque pensando encontrarlo para resolver ese enigma que lo atormentaba, porque tenía muchas preguntas y ninguna respuesta. Paso mucho tiempo y las fuerzas de ella los abandonaba y no tenía con quien conversar, con quien compartir sus sueños, con quien pasar sus noches y sus fríos; todo era soledad y soledad.

Un día cuando casi se había ido la esperanza de su vida, paso por allí un rey, y se acordó, que antes paso por allí cuando era príncipe y vio esa hermosa muchacha; hoy ya era un poco mayor y seguía sin casarse, entonces el rey se bajó de su caballo y le extendió la mano, y le dijo: recuerdo que te entregue una flor roja con amarillo al fondo. Ella la miro y le pregunto: ¿Por qué no me hablo ese día? El rey lo miro y le respondió: - Me quedé mudo, por eso no dije nada. Ella le volvió a preguntar: ¿Qué significo esa flor? Ha, esa flor significa que podemos construir un proyecto juntos para toda la vida, solo el tiempo y tu decisión cuentan; yo también te busque y no te pude hallar, por eso no me case, hasta ahora. Espero tu respuesta y nos casaremos para que seas mi reina para siempre.

Sola hay una oportunidad en la vida, nunca más vuelve dos veces; el amor y la felicidad, vuelan como en viento, si no lo tomas desaparecen.

SUEÑOS MARAVILLOSOS

LA ROCA QUE SALVO MI VIDA

Un profesor que enseñaba en una escuela de un pueblito muy lejos de la ciudad, donde no existe, agua, desagüe y luz; asentado a orillas de un rio, corrientoso no tan grande y al otro lado, un poco más arriba, esta, otro pueblito que es un poco más grande y que siempre pasaban para ir a pasear.

Una tarde casi de noche, otro profesor le invito a pasar el rio para ir a pasear al pueblito más grande, pero ese día había llovido y el caudal había aumentado, era peligroso porque estaba un poco grande y turbio, y también por que estaba oscureciendo.

Los dos profesores se acercaron a la orilla y vieron el rio y entre ellos dijeron, si podemos pasarlo y desafiaron al rio y comenzaron a entrar en el rio, para pasarlo, era ya muy oscuro.

El primer profesor paso sin novedad, el segundo profesor se desesperó por la oscuridad y empezó a hundirse y a tomar agua, el pensaba que era el último día de su vida, se acordaba de todos sus hijos y su esposa, recordaba los momentos felices y anécdotas de su caminar en este mundo, se acordó de Dios y le pidió una oportunidad más para acercarse a él.

Un milagro sucedió en esos momentos, en su desesperación por salvarse de pronto en medio del rio toco una enorme piedra en la cual se logró agarrase en ella, salió sobre ella y descanso un rato, tomo fuerza y se lanzó a nadar hacia la orilla, la corriente del rio lo arrastro muy abajo, en gran oscuridad, llegando a la orilla sintió una rama de un árbol y se agarró de ella, el sintió que fue la mano de Dios en esos momentos desesperantes y lleno de miedo.

Salió del agua y busco un arenal a tientas y logro encontrar para acostarse en la arena, vomitando el agua que había tomado cuando se estaba ahogando.

Mientras la gente del pueblo lo estaban buscando, en bote a motor, canoas y linternas, todos pensaban que el profesor de su pueblo se había ahogado; todos estaban muy tristes, lo buscaban y una hora más tarde lo encontraron más abajo acostado en la arena muy débil.

La gente se alegró mucho, lo cargaron y lo pusieron en el bote y lo llevaron a su pueblo, le dieron los primeros auxilios, y poco a poco fue recuperando sus fuerzas y mejoro su salud.

Después de pasar todo el susto y descansar, toda la noche, al día siguiente regreso donde había pasado el caso, la noche anterior, para buscar la piedra en medio del rio y no lo encontró y en su mente surgió, muchas preguntas, ¿Dios, puso esa piedra para salvar mi vida? ¿Qué quiere Dios para mi vida? ¿Sera una señal?

Hoy lo tengo bien claro que Dios era esa enorme roca para salvar mi vida, sé que Dios me dio otra oportunidad para acercarme a él y guardar sus mandamientos y preceptos.

SUEÑOS MARAVILLOSOS

¡Gracias o Dios!

David Daylon Cervera Vilchez

UN REY LLEGO A
UN PUEBLO PERDIDO.

Un rey llego a un pueblo perdido en caos, donde la moral no existía; la delincuencia, prostitución, nadie estudiaba, no había alguien que hable de la ley que escribió Dios con dedo y de su hijo Jesús que envió para salvarlos.

Él pensó mucho y decidió, hacerles amigos, conversar con ellos y encontrar un punto común, algo que ambos les interesaría hablar.

Ellos reflejaban resentimiento, abandono, incredulidad, etc. Por eso estaban así.

El visitante les invito a todos los padres a una cena, donde más que decirles algo primero, los escucho a todos ellos primero, para saber: ¿Que piensan? ¿Cómo se sienten? ¿Por qué se sienten de esa forma?

El primero dijo: -Trabajo todos los días desde que sale el sol, hasta la puesta y no tengo nada.

El segundo manifestó: - Cuando hay elecciones de autoridades, nos ofrecen maravillas; que, si los elegimos, mejorara nuestra vida y compran nuestra conciencia regalándonos algunas cosas.

El tercero, recalco: - Mi pueblo se siente abandonado, porque ninguna autoridad nos informa y nos capacita para mejorar nuestra tecnología en los que haceres diarios para alcanzar la anhelada calidad de vida.

El cuarto acoto: - No creemos en todas las autoridades, porque nos ofrecen y nunca cumplen.

Después de estas participaciones, todo se tornó en silencio.

El rey repuso, nadie más quiere decir algo, y espera que alguien se manifieste, pero no sucedió; entonces el rey toma la palabra y les conto que el libro sagrado, en Éxodo se lee que había un pueblo que vivía como ustedes y no quiso cambiar su modo de vivir y fue destruido con agua (Historia del diluvio, Genesis capítulos 7 y 8), entonces les recalco los problemas que tenían que ocasionan el caos.

Y les pregunto a todos: ¿Quieren que su descendencia siga igual o quieren que mejore? Todos se miraron y en una sola voz respondieron: - No queremos que siga igual; queremos que mejore.

Ha, dijo el rey – metió su mano en su morral y saco hojas blancas y unos lapiceros y pidió un colaborador para que les reparta, a todos una hoja y un lapicero, cuando el colaborador termino de repartir; les dio indicaciones, y les manifestó; todo problema tiene solución, y les dijo que empiecen a escribir, esto es una tarea que cuando regrese lo hayan cumplido.

Para que mi generación no se pierda, que tengo que cambiar, para que mis hijos sigan mi ejemplo, como: respetar las cosas ajenas, cumplir la ley de Dios (Éxodo 20:3-17), mi país y las buenas costumbres de mi pueblo, también conversar con mis hijos, respetarlos y decirles, cuanto los aman, incluyendo a sus esposas. Luego se refirió a la prostitución y les recalco a las mujeres, tengan presente que la prostitución; daña la reputación, trae las enfermedades y muerte, por eso es un pecado en el libro sagrado. Depende como los aconsejes a tus hijas para que tengan en cuenta la moral de la mujer y no adquieran enfermedades venéreas, como: la sífilis y el sida.

Y el otro punto se refirió a los jóvenes que no estudian y el rey manifestó: el estudio es la herencia mas grande que sus padres les dan a sus hijos, cuando estudias conoces el mundo de los sabios y es más fácil la vida, y con estos conocimientos puedes convertirte en rey de tu mundo.

Y para que respondas a los que hablaron; dijo el primero – "trabajo mucho y no tengo nada" Dice el libro sagrado para que recibas las bendiciones, tienes que dar tus diezmos y aprendas, Malaquías 3: 6 – 10.

Para que seas bendecido tienes que cumplir el día que consagro Dios, el séptimo día o último día de la semana, éxodo 20: 8- 11 y también el éxodo 20: 3 – 6. Si todo esto cumples Dios te bendecirá en todo lo que hagas.

EL SUEÑO QUE CURO EL CÁNCER.

Un rey preocupado que la gente de su pueblo Moria de cáncer y diabetes, paso los días y largas noches en vela por lo que estaba pasando, un día de esos, soñó un anciano de días; le hablo en su sueño y él, no podía ver su rostro porque era más reluciente que el sol, le dijo: enseñándole el libro sagrado aquí están las recetas que debes comer y que no deben comer, para no tener enfermedades tan peligrosas y dolorosas.

En el primer libro encontraras la primera receta que mande que coman los humanos; en Genesis 1:29, "He aquí que os he dado toda planta que da semilla, que está sobre toda la tierra, y todo árbol en que hay fruto y que da semilla; os serán para comer".

De todo esto podréis comer, si obedecen estos mandatos no se enfermará tu pueblo y llegaran a vivir muchos años.

La segunda receta se encuentra en Levíticos 11:1 – 46, donde te mando que clasifiques las carnes; animales limpios y animales inmundos y te doy dos características juntas; entre todos los animales que hay sobre la tierra, comeréis todo el que tiene **pezuña hendida y rumia**, de todos los animales que viven en las aguas, comeréis todos los animales que tiene **aletas y escamas**, ya sean de mar o de rio lo resto son abominables eh inmundo que al comerlos traen las más terribles enfermedades por eso, no, tocareis sus cuerpos muertos.

El que obedece no sufrirá de enfermedades y morirá de vejes.

El rey se despertó muy temprano y empezó a buscar el libro sagrado y no tenía en su casa, tuvo que mandar a comprar para ver las recetas, en donde le había dicho el anciano reluciente, y cuando tuvo en sus manos el libro sagrado, busco en las citas que recordó Genesis 1:29 y Levíticos 11: 1-46, se dio cuenta que el sueño era verdadero.

Se preguntaba: ¿Dios mismo habrá hablado conmigo? Y se propuso en su corazón, decretar en los muros de las paredes, los pasajes de estos textos, del libro sagrado y así alejar las enfermedades de su pueblo.

También propuso que todo lo que coman sea natural, edulcorantes naturales y no consumir la azúcar procesada y salar con sal de piedra, poniendo en un depósito con agua, veras que toda natural alarga la vida y vivirán feliz sin enfermedades.

El siguió investigando y encontró el libro del Doctor Acharan, que las carnes que uno come, llegan a nuestro colon y se demora en nuestro colon, ocho días, en ser expulsada, te imaginas que esa carne se está pudriendo más cada día, junto con nuestro colon; por eso es mejor no comer carne, para no tener cáncer de colon.

Mejor, un día o dos días a la semana todo el día consume solo frutas, pero cómelas puestas en un plato y con cuchara, veraz que tendrás maravillosa experiencia de vida sana.

Todo esto decreto, que se escriba en los muros de su ciudad, y en algún tiempo más adelante, nadie tenía enfermedades y solo morían de vejes.

Pasajes que mejor te aclare sobre el consumo de cerdo; Isaías 65: 2-5

[2]Extendí mis manos todo el día a pueblo rebelde, el cual anda por camino no bueno, en pos de sus pensamientos; [3]pueblo que en mi rostro me provoca de continuo a ira, sacrificando en huertos, y quemando incienso sobre ladrillos; [4]que se quedan en los sepulcros, y en lugares escondidos pasan la noche; que comen carne de cerdo, y en sus ollas hay caldo de cosas inmundas; [5]que dicen: Estate en tu lugar, no te

acerques a mí, porque soy más santo que tú; éstos son humo en mi furor, fuego que arde todo el día.

Isaías 66: 3 y 16-18.

El que sacrifica buey es como si matase a un hombre; el que sacrifica oveja, como si degollase un perro; el que hace ofrenda, como si ofreciese sangre de cerdo; el que quema incienso, como si bendijese a un ídolo. Y porque escogieron sus propios caminos, y su alma amó sus abominaciones.

[16]Porque Jehová juzgará con fuego y con su espada a todo hombre; y los muertos de Jehová serán multiplicados.

[17]Los que se santifican y los que se purifican en los huertos, unos tras otros, **los que comen carne de cerdo** y

abominación y ratón, juntamente **serán talados**, dice Jehová.

[18]Porque yo conozco sus obras y sus pensamientos; tiempo vendrá para juntar a todas las naciones y lenguas; y vendrán, y verán mi gloria.

VOCABULARIO

Huingo: Árbol perenne que crece en la selva y sus frutos tienen cascara dura y son utilizados para depositar agua

Pate: Es un deposito que se le corta por la mitad al fruto del Huingo.

Tangaran: Árbol que crece en la selva de hojas anchas y en su interior viven unas hormigas del mismo nombre.

La Huimba: árbol que crece en la selva y su fruto son como aguacates, dentro de este tiene un algodón muy suave.

EL shirui: Pez que vive en las cochas de la selva

David Daylon Cervera Vilchez

Cochas: Lagunas en medio de la selva

Made in the USA
Columbia, SC
06 October 2024